22

SIMONE WEIL

Contra los partidos políticos

TASCABILI

ᴍᴀᴍ altamarea

Primera edición en esta colección: noviembre de 2024
Títulos originales de los textos: *Note sur la suppression
générale des partis politiques* y *Réflexions sur la révolte*

© Ediciones Godot, 2021
© de la presente edición: Altamarea Edición de Libros SL
altamarea.es
altamarea@altamarea.es

© de la traducción, Aníbal Díaz Gallinal, 2024

Diseño de la colección: Sara Maroto Hebrero
Corrección: Miguel Tomás Sampedro
Maquetación: María Pérez Balteira

ISBN: 978-84-10435-05-6
DL: M-23588-2024

Impreso en España por Estugraf en octubre de 2024

SIMONE WEIL

Contra los partidos políticos

Traducción de
Aníbal Díaz Gallinal

Apuntes sobre la supresión general de los partidos políticos

Tomaremos aquí la palabra «partido» con la significación que tiene en el continente europeo. La misma palabra en los países anglosajones designa una realidad totalmente distinta. Tiene su raíz en la tradición inglesa y no puede transponerse. Un siglo y medio de experiencia lo demuestra bien. Los partidos políticos anglosajones tienen algo de juego, de deporte, que solo puede darse en una institución de origen aristocrático; todo es serio en una institución que, en su comienzo, es plebeya.

La idea de partido no entraba en la concepción política francesa de 1789, solo era un mal a evitar. Pero existió el Club de los Jacobinos. Al principio solo era un lugar donde hablar con libertad. No fue ningún mecanismo fatal lo que lo transformó. Únicamente la presión de la guerra y la guillotina lo convirtieron en un partido totalitario.

Las luchas de las facciones bajo el Terror estuvieron gobernadas por ese pensamiento que Tomski formuló perfectamente: «Un partido en el poder; los demás, en la cárcel». Por ello, en Europa, el totalitarismo es el pecado original de los partidos.

Los partidos políticos se establecieron en la vida pública de Europa debido a la herencia del Terror, por una parte, y a la influencia del ejemplo inglés, por otra. Pero el hecho de que existan no es de ningún modo motivo suficiente para conservarlos. Solo el bien es motivo legítimo de conservación. El mal de los partidos políticos salta a la vista. El problema que hay que examinar es si hay en ellos un bien que supere al mal y vuelva más deseable su existencia. Pero sería mucho más pertinente preguntarse: ¿tienen algo de bien, aunque sea infinitesimal? ¿No son el mal en estado puro o casi puro?

Si son malos, es seguro que, de hecho y en la práctica, solo pueden producir mal. Es un artículo de fe. «Un árbol bueno no da frutos malos, ni un árbol malo da frutos buenos». Pero, antes, es preciso que reconozcamos cuál es el criterio del bien. Y este solo puede ser la verdad, la justicia y, por último, la utilidad pública.

La democracia, el poder de la mayoría, no son bienes. Son medios para el bien que se consideran eficaces, con razón o sin ella. Si la República de

Weimar, en lugar de Hitler, hubiera decidido, por los medios más rigurosamente parlamentarios y legales, llevar a los judíos a los campos de concentración y torturarlos refinadamente hasta la muerte, las torturas no hubieran tenido ni un ápice más de legitimidad de la que tienen ahora. Ahora bien, semejante cosa no es de ninguna manera inconcebible.

Solo lo que es justo es legítimo. El crimen y la mentira de ninguna manera lo son.

Nuestro ideal republicano procede por entero del concepto de voluntad general de Rousseau. Pero el sentido de la noción se perdió casi enseguida debido a su complejidad y a que exige un alto grado de atención.

Dejando de lado algunos capítulos, hay pocos libros tan bellos, tan fuertes, tan lúcidos y tan claros como *El contrato social*. Se dice que pocos libros han tenido tanta influencia. Sin embargo, en los hechos, todo ocurre como si nunca hubiera sido leído.

Rousseau partía de dos evidencias. Una, que la razón distingue y elige la justicia y la utilidad inocente, y que todo crimen tiene como móvil la pasión. Otra, que la razón es idéntica en todos los hombres, mientras que las pasiones difieren a menudo. En consecuencia, si cada uno reflexiona solo sobre un problema general y expresa su opinión, y después comparamos las distintas opiniones, probablemente coincidirán en la parte justa y razonable y se diferenciarán por las injusticias y los errores.

Solo en virtud de un razonamiento de este género se puede admitir que el *consensus* general llegue a la verdad.

La verdad es una. La justicia es una. Los errores y las injusticias son indefinidamente variables. Así, podría afirmarse que las personas convergen en lo justo y lo verdadero en vez de que la mentira y el crimen los lleven a divergir indefinidamente. Dado que la unión es una fuerza material, se puede esperar encontrar en ella el recurso para hacer que, aquí abajo, la verdad y la justicia sean materialmente más fuertes que el crimen y el error.

Para esto se precisa un mecanismo adecuado. Si la democracia constituye tal mecanismo, es buena. En caso contrario, no lo es.

A ojos de Rousseau —y tenía razón—, una voluntad injusta, común a toda la nación, no era de ningún modo superior a la voluntad injusta de un solo individuo.

Rousseau pensaba, además, que generalmente la voluntad común de todo el pueblo es, de hecho, conforme a la justicia, debido a la mutua neutralización y a la compensación de las pasiones particulares. Para él, ese es el único motivo por el cual la voluntad del pueblo es preferible a la voluntad particular.

Resulta que cierta masa de agua, aunque compuesta por partículas que se mueven y chocan sin cesar, está en un equilibrio y un reposo perfectos. Devuelve la imagen de los objetos con veracidad intachable; muestra perfectamente el plano horizontal; señala sin error la densidad de los objetos que se sumergen en ella.

Si los individuos apasionados —movidos por la pasión al crimen y a la mentira— se erigen de igual modo en un pueblo verdadero y justo, entonces es bueno que el pueblo sea soberano. Una constitución democrática es buena si, primero, establece en el pueblo este estado de equilibrio y, después, si trata de que se cumpla la voluntad del pueblo.

El verdadero espíritu de 1789 consiste en pensar no que algo es justo porque el pueblo lo quiere, sino que, en ciertas condiciones, la voluntad del pueblo tiene más posibilidades que ninguna otra voluntad de ser conforme a la justicia.

Hay varias condiciones indispensables para que pueda aplicarse la noción de voluntad general. Dos en particular deben retener nuestra atención.

Una es que, desde el momento en que el pueblo toma conciencia de una voluntad y la expresa, no haya ninguna especie de pasión colectiva.

Es del todo evidente que el razonamiento de Rousseau se cae en el momento en que aparece la pasión colectiva. Rousseau lo sabía bien. La pasión colectiva es un impulso de crimen y mentira infinitamente más fuerte que cualquier pasión individual. Los malos impulsos, en este caso, lejos de neutralizarse, se elevan mutuamente a la enésima potencia. La presión se torna casi irresistible, salvo para los santos de verdad.

Un agua agitada por una corriente violenta, impetuosa, ya no refleja los objetos, no tiene superficie horizontal, no indica las densidades. Muy poco importa que la mueva una sola corriente o cinco o seis, que se chocan y provocan remolinos. El agua, en ambos casos, está igualmente enturbiada.

Si una única pasión colectiva se adueña de todo un país, el país entero es unánime en el crimen. Si lo dividen dos, cuatro, cinco o diez pasiones colectivas, el país en cuestión estará dividido en varios grupos de criminales. Las pasiones divergentes no se neutralizan como ocurre con las partículas de las pasiones individuales fundidas en la masa; el número es demasiado pequeño, la fuerza de cada una es demasiado grande para que allí pueda haber neutralización. La lucha las exaspera. Se entrechocan haciendo un ruido verdaderamente infernal, lo que vuelve imposible escuchar, ni siquiera un segundo, la voz de la justicia y la verdad, casi siempre imperceptible.

Cuando en un país hay una pasión colectiva, es probable que cualquier voluntad particular esté más cerca de la justicia y de la razón que la voluntad general, o más bien que lo que es su caricatura.

La segunda condición es que el pueblo llegue a expresar su voluntad en relación con los problemas de la vida pública y no se quede solo en la elección de personas. Menos aún en la elección de colectividades irresponsables. Porque la voluntad general no tiene ninguna relación con una elección como esa.

Si en 1789 hubo cierta expresión de la voluntad general, aunque se haya adoptado el sistema representativo a falta de poder imaginar otro, es porque hubo otra cosa bien distinta de las elecciones. Todo lo que estaba vivo a lo largo del país —y el país entonces desbordaba de vida— había buscado expresar un pensamiento mediante el órgano de los cuadernos de quejas. Gran parte de los representantes se habían dado a conocer en el transcurso de esta cooperación en el pensamiento; seguían sintiendo su calidez; sentían que el país estaba atento a sus palabras, celoso de vigilar si traducían con exactitud sus aspiraciones. Durante algún tiempo —poco tiempo— fueron órganos verdaderamente simples de expresión del pensamiento público. Nunca más se produjo algo parecido.

Con solo enunciar esas dos condiciones se muestra que no hemos conocido nunca nada que se parezca, ni de lejos, a una democracia. En lo que nombramos de este modo, el pueblo nunca tiene la oportunidad ni los medios de expresar una opinión sobre un problema de la vida pública; todo lo que escapa a los intereses particulares queda confiado a las pasiones colectivas, que se alientan sistemática y oficialmente.

El uso mismo de las palabras «democracia» y «república» obliga a examinar con extrema atención los dos problemas que siguen:

¿Cómo dar de hecho a los hombres que componen el pueblo de Francia la posibilidad de expresar en alguna oportunidad su juicio sobre los grandes problemas de la vida pública?

¿Cómo impedir, cuando se interroga al pueblo, que circule a través de él alguna especie de pasión colectiva?

Si no se piensa en esos dos puntos, es inútil hablar de legitimidad republicana.

Las soluciones no son fáciles de pergeñar. Pero, luego de un examen atento, es evidente que cualquier solución implicaría, en primer lugar, la supresión de los partidos políticos.

Para apreciar el valor que tienen los partidos políticos según el criterio de la verdad, la justicia y el bien público, sería conveniente comenzar por distinguir sus rasgos esenciales.

Podemos enumerar tres: un partido político es una máquina de fabricar pasión colectiva; un partido político es una organización construida para ejercer presión colectiva sobre el pensamiento de cada uno de los seres humanos que lo componen; el primer y, en última instancia, único fin de todo partido político es su propio crecimiento, sin límite alguno.

Por ese triple carácter, todo partido es totalitario en germen y en aspiración. Y si en los hechos no lo es, se debe solo a que quienes lo rodean no son menos totalitarios que él.

Estas tres características son verdades de hecho, evidencias para cualquiera que se haya acercado a la vida de los partidos.

La tercera es un caso particular de un fenómeno que se produce en todas partes donde el colectivo domina a los seres pensantes. Es la inversión de la relación entre fin y medio. En todas partes, sin excepción, todas las cosas que generalmente se consideran como fines son, por naturaleza, por definición, por esencia y del modo más evidente, únicamente medios. Podrían citarse tantos ejemplos como se quiera en todos los campos: dinero, poder, Estado, grandeza nacional, producción económica, diplomas universitarios y muchos otros.

Solo el bien es un fin. Todo lo que pertenece al ámbito de los hechos es del orden de los medios. Pero el pensamiento colectivo es incapaz de elevarse por encima del ámbito de los hechos. Es un pensamiento animal. Solo tiene la noción de bien en la medida justa y suficiente para cometer el error de tomar tal o cual medio por un bien absoluto. Así sucede con los partidos. Un partido es, en principio, un instrumento al servicio de una determinada concepción del bien público.

Esto es verdad incluso para quienes están ligados a los intereses de una categoría social, pues siempre existe una determinada concepción del bien público en virtud de la cual habría coincidencia entre el bien público y esos intereses. Pero esa concepción es extremadamente vaga. Esto es verdad sin excepción y casi sin diferencia de grados. Los partidos más inconsistentes y los más estrictamente organizados son iguales por la vaguedad de sus doctrinas. No hay ninguna persona, por más que haya estudiado en profundidad la política, que sea capaz de hacer una exposición precisa y clara relativa a la doctrina de cualquier partido, incluido —llegado el caso— el suyo propio.

La gente no se confiesa esto ni siquiera a sí misma. Si lo hiciera, tendría la ingenua tentación de ver allí una señal de incapacidad personal por no reconocer que la expresión «doctrina de un partido político» nunca puede tener —por su propia naturaleza— significado alguno.

Así, aunque alguien se pase la vida escribiendo y examinando los problemas relativos a las ideas, rara vez tendrá una doctrina. Una colectividad, nunca. No es una mercancía colectiva.

Ciertamente se puede hablar de doctrina cristiana, doctrina hindú, doctrina pitagórica, etcétera. Lo que se designa con esta palabra, entonces, no es ni individual ni colectivo: es algo que está infinitamente más allá de esos dominios. Se trata pura y simplemente de la verdad.

El fin que persigue un partido político es cosa vaga e irreal. Si fuera real, exigiría un esfuerzo de atención muy grande, porque la concepción del bien público no es algo fácil de pensar. La existencia del partido es palpable, evidente y no requiere ningún esfuerzo para ser reconocida. De manera que es inevitable, de hecho, que el partido sea en sí mismo su propio fin.

A partir de ahí hay idolatría, porque solo Dios es legítimamente un fin en sí mismo.

La transición es fácil. Se parte del siguiente axioma: la condición necesaria y suficiente para que el partido sirva de modo eficaz a la concepción del bien público —en vista del cual existe— es que tenga una gran cantidad de poder.

Pero una cantidad finita de poder jamás puede considerarse suficiente, sobre todo una vez que se ha obtenido. De hecho, el partido se encuentra, debido a la ausencia de pensamiento, en un estado continuo de impotencia, que atribuye siempre al escaso poder de que dispone. Aunque fuera dueño absoluto del país, las necesidades internacionales impondrían límites estrechos.

De este modo, la tendencia esencial de los partidos es totalitaria, no solo en lo que respecta a una nación, sino en relación con todo el mundo. Precisamente porque la concepción de bien público propia de tal o cual partido es una ficción, algo vacío, sin realidad, se impone la búsqueda del poder total. Toda realidad implica por sí misma un límite. Lo que no existe en absoluto no es, nunca, limitable.

Es por eso que hay una afinidad, una alianza, entre el totalitarismo y la mentira.

Muchas personas, es verdad, nunca piensan en un poder total; la sola idea les daría miedo. Produce vértigo y sería necesaria una cierta grandeza para sostenerla. Esa gente, cuando se interesa por un partido, se contenta con desear su crecimiento, pero como algo ilimitado. Si este año hay tres miembros más que el año pasado o si se recaudaron cien francos más, están felices. Pero desean que esto siga de manera indefinida en la misma dirección. Nunca admitirán que su partido tiene demasiados afiliados, demasiados electores, demasiado dinero.

El temperamento revolucionario conduce a concebir la totalidad. El temperamento pequeñoburgués lleva a instalarse en la imagen de un progreso lento, continuo y sin límite. Pero, en ambos casos, el crecimiento material del partido se convierte en el único criterio según el cual se define el bien y el mal en cualquier asunto. Exactamente como si el partido fuera un animal al que hay que engordar y todo el universo hubiera sido creado solo para hacerlo engordar.

No se puede servir a Dios y a Mammón. Si tenemos un criterio del bien distinto al bien, se pierde la noción de bien.

Puesto que el crecimiento del partido constituye un criterio del bien, se sigue, inevitablemente, una presión colectiva del partido sobre el pensamiento de las personas. Esta presión se ejerce de hecho. Se despliega públicamente. Se admite, se proclama. Nos horrorizaría si no estuviéramos tan endurecidos por la costumbre.

Los partidos son organismos públicos, constituidos oficialmente para matar el sentido de la verdad y la justicia en las almas.

La presión colectiva se ejerce sobre el público general mediante la propaganda. La finalidad confesa de la propaganda es persuadir, no transmitir luz. Hitler vio perfectamente que la propaganda siempre es un intento de sometimiento de los espíritus. Todos los partidos hacen propaganda. El que se abstuviera desaparecería por el hecho de que los otros sí la hacen. Todos confiesan que hacen propaganda. No hay ninguno que sea tan audaz en la mentira como para afirmar que se propone educar al público, formar el juicio del pueblo.

Es verdad que los partidos dicen que educan a quienes se han acercado a ellos: simpatizantes, jóvenes, nuevos afiliados. Esas palabras son un engaño. Se trata de una domesticación que prepara el dominio, mucho más riguroso, que ejercerá el partido sobre el pensamiento de sus miembros.

Supongamos que un miembro cualquiera de un partido —un diputado, un candidato a diputado, un militante de base— asume el siguiente compromiso público: «Cada vez que examine un problema político o social, me comprometo a olvidar por completo que soy miembro de tal grupo, y a preocuparme exclusivamente por discernir el bien público y la justicia».

Estas palabras serían muy mal recibidas. Sus partidarios y otros muchos lo acusarían de traición. Los menos hostiles dirían: «Entonces, ¿para qué se afilió a un partido?», confesando así con ingenuidad que, al entrar en un partido, se renuncia a buscar únicamente el bien público y la justicia. Este hombre sería excluido de su partido o, al menos, perdería el cargo. Ciertamente, no lo elegirían.

Pero, es más, parece imposible que tal lenguaje pueda siquiera emplearse. De hecho, salvo por error, nunca se ha usado. Si se pronunciaron palabras parecidas, solo lo hicieron individuos deseosos de gobernar con el apoyo de otros partidos distintos del suyo. Semejantes palabras sonaban entonces como una afrenta al honor.

En cambio, nos parece totalmente natural, razonable y honorable que alguien diga: «Como conservador —o como socialista—, pienso que…». Ciertamente, esto no es propio solo de los partidos políticos. No nos ruborizamos al decir: «Como francés, pienso que…», «como católico, pienso que…». Unas jóvenes, que se decían cercanas al gaullismo como equivalente francés del hitlerismo, agregaban: «La verdad es relativa, incluso en geometría». Tocaban el punto central.

Si no hay verdad, es legítimo pensar de tal o cual manera, ya que uno es, de hecho, tal o cual cosa. Así como tenemos el pelo negro, castaño, pelirrojo o rubio porque somos así, pensamos también de tal manera. El pensamiento, como el cabello, es entonces el resultado de un proceso físico de eliminación.

Si reconocemos que hay una verdad, solo está permitido pensar lo que es verdadero. Pensamos entonces tal o cual cosa no porque seamos en realidad franceses, católicos o socialistas, sino porque la luz irresistible de la evidencia nos obliga a pensar de tal o cual manera y no de otra.

Si no hay pruebas, si hay dudas, entonces es evidente que, en el estado de conocimientos del que disponemos, la cuestión es dudosa. Si hay una débil probabilidad por un lado, es evidente que hay una débil probabilidad, y así sucesivamente. En todos los casos, la luz interior concede siempre a quien la consulte una respuesta manifiesta. El contenido de la respuesta es más o menos afirmativo, eso poco importa. Siempre es susceptible de revisión, pero ninguna corrección puede hacerse excepto con más luz interior.

Si una persona, integrante de un partido, está absolutamente decidida a ser fiel en todos sus pensamientos a la luz interior y a nada más, no puede comunicar esta decisión a su partido. Entonces está en estado de mentira respecto del partido. Es una situación que solo puede aceptarse a causa de la necesidad que obliga a encuadrarse en un partido para intervenir de modo eficaz en los asuntos públicos. Pero entonces esa necesidad es un mal y hay que ponerle fin suprimiendo los partidos.

Quien no toma la resolución de ser fiel de forma exclusiva a la luz interior instala la mentira en el centro mismo de su alma. Las tinieblas interiores son su castigo.

Intentaríamos en vano salir del problema con la distinción entre libertad interior y disciplina exterior. Porque entonces habría que mentir al público hacia quien todo candidato, todo elegido, tiene una particular obligación de verdad.

Si estoy a punto de decir, en nombre de mi partido, cosas que estimo contrarias a la verdad y a la justicia, ¿voy a indicarlo con una advertencia previa? Si no lo hago, miento.

De estas tres formas de mentira —al partido, al público y a uno mismo—, la primera es de lejos la menos mala. Pero si la pertenencia a un partido obliga siempre, en todos los casos, a la mentira, la existencia de los partidos es absoluta e incondicionalmente un mal.

Era frecuente ver en los anuncios de reuniones: «El señor Fulano expondrá el punto de vista comunista (sobre el asunto que era objeto de la reunión), el señor Mengano expondrá el punto de vista socialista, el señor Zutano expondrá el punto de vista radical». ¿Cómo se las arreglaban estos desventurados para conocer el punto de vista que debían exponer? ¿A quién podían consultar? ¿A qué oráculo?

Una colectividad no tiene lengua, no tiene lápiz. Los órganos de expresión son todos individuales. La colectividad socialista no reside en ningún individuo. Tampoco la colectividad radical. La colectividad comunista reside en Stalin, que está lejos; no se le puede llamar por teléfono antes de hablar en la reunión.

No, los señores Fulano, Mengano y Zutano se consultaban a sí mismos. Pero, como eran honestos, primero se ponían en un estado mental especial, parecido a aquel al que los había llevado con frecuencia la atmósfera del ambiente comunista, socialista, radical.

Si, en ese estado, nos dejamos llevar por nuestras propias reacciones, producimos naturalmente un lenguaje conforme a los «puntos de vista» comunista, socialista, radical, etcétera. A condición, entendámoslo bien, de prohibirnos rigurosamente todo esfuerzo por dirigir la atención a discernir la justicia y la verdad. Si tal esfuerzo se cumpliera, se correría el riesgo —colmo del horror— de expresar un «punto de vista personal». Porque en nuestros días, la tendencia a la justicia y la verdad se considera algo que responde a un punto de vista personal.

Cuando Poncio Pilatos le preguntó a Cristo: «¿Qué es la verdad?», Cristo no contestó. Ya había contestado de antemano: «He venido para dar testimonio de la verdad».

Solo hay una respuesta. La verdad son los pensamientos que surgen en la mente de una criatura pensante, deseosa única, total y exclusivamente de la verdad.

La mentira y el error —palabras sinónimas— son los pensamientos de los que no desean la verdad y de los que desean la verdad y algo más. Por ejemplo, la verdad y, además, la conformidad con tal o cual pensamiento establecido.

Pero ¿cómo desear la verdad si no se sabe nada de ella? He ahí el misterio de los misterios. Las palabras que expresan una perfección inconcebible para la humanidad —Dios, verdad, justicia—, pronunciadas interiormente con deseo, sin relacionarlas con ninguna concepción, tienen el poder de elevar el alma e inundarla de luz.

Deseando la verdad pura y sin intentar adivinar de antemano su contenido, recibimos la luz. En esto consiste todo el mecanismo de la atención.

Es imposible examinar todos los problemas, terriblemente complejos, de la vida pública mientras pretendemos, al mismo tiempo, discernir la verdad, la justicia, el bien público y, por otra parte, conservar la actitud que conviene a un miembro de determinada agrupación. La facultad humana de la atención no se puede concentrar simultáneamente en ambos problemas. De hecho, cuando se enfoca en uno, abandona el otro.

Pero ningún sufrimiento espera a quien abandona la justicia y la verdad. En cambio, el sistema de partidos comporta las más dolorosas penalizaciones para la indocilidad. Castigos que alcanzan casi todo —carrera, sentimientos, amistades, reputación, aspecto externo del honor y, con frecuencia, incluso la vida familiar—. El Partido Comunista ha llevado este sistema a la perfección.

Pero incluso en quien no cede por dentro, la existencia de penalizaciones falsea inevitablemente el discernimiento, ya que, si quiere reaccionar contra la dominación del partido, esa voluntad de reacción es, en sí misma, un móvil ajeno a la verdad y del cual hay que desconfiar como ocurre también con la misma desconfianza, y así sucesivamente. La atención verdadera es un estado tan difícil, tan violento para el hombre, que cualquier turbación personal de la sensibilidad basta para obstaculizarla. De ahí resulta la obligación imperiosa de proteger, tanto como sea posible, la facultad de discernimiento personal contra el tumulto de esperanzas y temores personales.

Si una persona hace ciertos cálculos matemáticos muy complejos y sabe que la azotarán cada vez que obtenga como resultado un número par, su situación es muy difícil. Algo en la parte carnal del alma la empujará a dar a sus cálculos un empujoncito con el pulgar para obtener un número impar. Queriendo reaccionar, se arriesgará a encontrar un número par incluso allí donde no sea necesario. Su atención, presa de esta oscilación, ya no estará intacta. Si los cálculos son tan complejos que le exigen plena atención, es inevitable que se confunda con mucha frecuencia. De nada servirá que sea muy inteligente, muy valiente o que se preocupe por la verdad.

¿Qué debe hacer? Muy sencillo: si esa persona puede escapar de quienes la amenazan con el látigo, debe huir. Si puede evitar caer en sus garras, debe evitarlo. Eso es exactamente lo que sucede con los partidos políticos.

Cuando hay partidos en un país, resulta que tarde o temprano es imposible intervenir de modo eficaz en los asuntos públicos sin entrar en un partido y jugar al juego. Cualquiera que se interesa por la cosa pública desea interesarse eficazmente. Así, quienes se preocupan por el bien público deben o renunciar a pensar en eso y orientarse hacia otra cosa, o pasar por el rodillo de los partidos. En este caso, también tendrán preocupaciones que excluyen el bien público.

Los partidos son un mecanismo maravilloso en virtud del cual, a lo largo y ancho de un país, nadie se preocupa por discernir el bien, la verdad y la justicia en los asuntos públicos. En consecuencia —salvo algunas excepciones fortuitas—, solo se deciden y se ejecutan medidas contrarias al bien público, a la justicia y a la verdad. Ni siquiera el diablo, si se le confiara la organización de la vida pública, podría imaginar algo más ingenioso.

Si la realidad no es tan sombría, es porque los partidos todavía no lo han devorado todo. Pero, de hecho, ¿antes era un poco menos sombría? ¿No era tan sombría como el cuadro aquí esbozado? ¿Los acontecimientos no lo han mostrado así?

Hay que admitir que el mecanismo de opresión espiritual y mental propio de los partidos lo introdujo en la historia la Iglesia católica en su lucha contra la herejía.

Un converso que entra a la Iglesia —o un fiel que delibera consigo mismo y decide quedarse en ella— percibe la verdad y el bien de los dogmas. Pero al franquear el umbral profesa, al mismo tiempo, que no lo alcanza ningún *anathema sit,* es decir, que acepta en bloque todos los artículos que son «de fe estricta». Estos artículos no los estudió. Incluso con un alto grado de inteligencia y cultura, una vida entera no alcanzaría para dicho estudio, que comprende las circunstancias históricas de cada condena.

¿Cómo suscribir afirmaciones que no conocemos? Basta solo con someterse incondicionalmente a la autoridad de la que emanan.

Por eso santo Tomás solo pretende sostener sus afirmaciones con la autoridad de la Iglesia, excluyendo cualquier otro argumento. Porque, dice él, los que la aceptan no necesitan más y ningún argumento persuadiría a quienes la rechazan.

Así, la luz interior de la evidencia, esta facultad de discernimiento que le es otorgada desde arriba al alma humana en respuesta a su anhelo de verdad, se desecha, se condena a tareas serviles —como sacar cuentas—, queda excluida de todas las búsquedas relativas al destino espiritual del hombre. El móvil del pensamiento ya no es más el deseo incondicionado, indefinido, de la verdad, sino el deseo de conformidad con una enseñanza dada de antemano.

Que la Iglesia fundada por Cristo haya ahogado, en gran medida, el espíritu de la verdad es una ironía trágica, y si a pesar de la Inquisición no lo logró totalmente, fue porque la mística ofrecía un refugio seguro. Lo notamos muchas veces. Pero notamos menos otra ironía trágica: que la revuelta contra el ahogamiento de los espíritus en el régimen inquisitorial tomó una dirección tal que continuó en la senda de ahogar los espíritus.

La Reforma y el humanismo del Renacimiento, doble producto de esta revuelta, contribuyeron en gran medida a suscitar, luego de tres siglos de maduración, el espíritu de 1789. De allí resultó, después de un cierto plazo, nuestra democracia, fundada en el juego de los partidos, cada uno de los cuales es una pequeña Iglesia profana armada bajo la amenaza de excomunión. La influencia de los partidos contaminó toda la vida mental de nuestra época.

Quien se adhiere a un partido seguramente percibió, en la acción y en la propaganda de ese partido, cosas que le parecieron justas y buenas. Pero nunca estudió la posición del partido en relación con todos los problemas de la vida pública. Al entrar en el partido, acepta posiciones que ignora. De esta manera, somete su pensamiento a la autoridad del partido. Cuando poco a poco vaya conociendo sus posturas, las aceptará sin cuestionarlas. Es exactamente la situación del que se adhiere a la ortodoxia católica concebida como lo hace santo Tomás.

Si una persona, al pedir su carnet de afiliada, dijese: «Estoy de acuerdo con el partido sobre tal, tal y tal punto; no estudié sus otras posturas y me reservo totalmente la opinión hasta que las haya estudiado», se le pediría sin duda que volviera más tarde. Pero en realidad, salvo excepciones muy raras, un hombre que se adhiere a un partido adopta dócilmente la actitud de espíritu que expresará más tarde con las palabras: «Como monárquico, como socialista, pienso que…». ¡Es tan cómodo! Porque no es pensar. No hay nada más cómodo que no pensar.

En cuanto a la tercera característica de los partidos, es decir, que son máquinas de fabricar pasiones colectivas, es tan visible que no es necesario probarla. La pasión colectiva es la única energía de que disponen los partidos para la propaganda exterior y para la presión ejercida sobre el alma de cada miembro.

Se admite que el espíritu de partido ciega, que nos vuelve sordos a la justicia, incluso que empuja a las buenas personas al encarnizamiento más cruel contra los inocentes. Se admite, pero no se piensa en suprimir los organismos que fabrican tal espíritu. No obstante, se prohíben los estupefacientes.

De todas maneras, hay gente dada a los estupefacientes. Pero habría mucha más si el Estado organizara la venta del opio y la cocaína en todos los estancos, con carteles publicitarios para animar a los consumidores.

La conclusión es que la institución de los partidos parece constituir un mal casi puro. Son malos en principio y en sus efectos prácticos.

La supresión de los partidos sería un bien casi puro. Es eminentemente legítimo en principio y, en la práctica, parece que solo puede provocar efectos positivos.

Los candidatos ya no le dirán a los electores: «Respondo a tal eslogan» —lo que en rigor no le dice nada práctico al público general sobre su actitud concreta en relación con los problemas concretos—, sino: «Pienso tal, tal y tal cosa en relación con tal, tal y tal gran problema».

Los elegidos se asociarán y desasociarán siguiendo el juego natural de afinidades. Yo puedo perfectamente estar de acuerdo con el señor A sobre el tema de la colonización y en desacuerdo con él sobre la propiedad rural, y al revés con el señor B. Si se habla de colonización, iré a hablar con A un rato antes de la sesión; si se trata de propiedad rural, con B.

La cristalización artificial en partidos coincide tan poco con las afinidades reales que un diputado puede estar en desacuerdo con un colega de su partido en todas las posturas concretas y de acuerdo con un hombre de otro partido.

¡Cuántas veces en Alemania, en 1932, un comunista y un nazi que discutían en la calle sintieron vértigo al percatarse de que estaban de acuerdo en todos los puntos!

Fuera del Parlamento, como existirían revistas de ideas, en torno a ellas se formarían, naturalmente, ambientes. Pero esos ambientes deberían mantenerse en un estado de fluidez. Es la fluidez lo que distingue un ambiente de afinidad de un partido político y le impide a aquel ejercer una mala influencia. Cuando se frecuenta amigablemente a quien dirige una revista, a quienes escriben en ella, cuando escribimos en ella nosotros mismos, sabemos que estamos en contacto con el ambiente de la revista. Pero no sabemos si formamos parte de él; no hay una distinción neta entre fuera y dentro. Más alejados están quienes leen la revista y conocen a uno o a dos de los que escriben en ella. Más lejos, los lectores regulares que sacan inspiración de ella. Más lejos, los lectores ocasionales. Pero a nadie se le ocurriría pensar o decir: «Yo, como persona ligada a la revista tal, pienso…».

Cuando los colaboradores de una revista se presentan a elecciones, se les debería prohibir apelar a la revista. Debería estar prohibido para la revista asignar un cargo o ayudar directa o indirectamente en una candidatura, incluso mencionarla.

Todo grupo de «amigos» de tal revista debería prohibirse.

Si una revista impidiera a sus colaboradores, bajo pena de despido, colaborar en otras publicaciones del tipo que fueran, tal revista deberá suprimirse una vez que el hecho esté probado.

Esto implica tener un régimen de prensa que vuelva imposibles aquellas publicaciones con las cuales es deshonroso colaborar (como *Gringoire, Marie-Claire,* etcétera).

Cada vez que un ambiente intente consolidarse otorgando un carácter definido a la cualidad de miembro y este hecho quede probado, se deberá reprimir penalmente.

Por supuesto que habrá partidos clandestinos. Pero sus miembros tendrán mala conciencia. Ya no podrán hacer profesión pública de un servilismo de espíritu. No podrán hacer ninguna propaganda en nombre del partido. El partido no podrá tenerlos en una red sin salida de intereses, sentimientos y obligaciones.

Cada vez que una ley es imparcial, equitativa y está fundada en una imagen del bien público fácilmente asimilable por el pueblo, debilita todo lo que prohíbe. Lo debilita por el mismo hecho de existir, con independencia de las medidas represivas que intentan asegurar su aplicación.

Esta intrínseca majestad de la ley es un factor de la vida pública que se ha olvidado desde hace mucho tiempo y del que hay que hacer uso.

En la existencia de los partidos clandestinos, parece no haber ningún inconveniente que de hecho no se encuentre también, y en un grado mucho más elevado, en los partidos legales.

De manera general, un examen atento no parece mostrar, en ningún aspecto, ningún inconveniente de ninguna especie en relación con la supresión de los partidos.

Por una singular paradoja, las medidas de este tipo, que no plantean inconvenientes, son en realidad las que tienen menos posibilidades de tomarse. Se dice: «Si es tan simple, ¿por qué no se hizo hace tiempo?».

Sin embargo, por lo general, las cosas grandes son fáciles y sencillas.

La supresión de los partidos políticos extendería su virtud de saneamiento mucho más allá de los asuntos públicos. Porque el espíritu de partido ha llegado a contaminarlo todo.

A causa del prestigio del poder, las instituciones que controlan la vida pública influyen siempre sobre la totalidad del pensamiento de un país.

Ya casi no hay ningún ámbito en el que no se piense sin tomar posición «a favor» o «en contra» de una opinión determinada. Luego se buscan los argumentos, según el caso, en un sentido u otro. Es la transposición exacta de la adhesión a un partido.

Así como en los partidos políticos hay demócratas susceptibles de pertenecer a distintos partidos, ocurre lo mismo en el ámbito de las opiniones: la gente en general le reconoce un valor a las opiniones con las cuales dice estar en desacuerdo.

Eso es perder por completo el sentido mismo de lo verdadero y lo falso.

Otros, habiendo abrazado una opinión determinada, no consienten que se explore nada que le sea contrario. Es la transposición del espíritu totalitario.

Cuando Einstein vino a Francia, toda la gente de los ambientes más o menos intelectuales, incluyendo a los científicos mismos, se dividieron en dos bandos: a favor y en contra. Todo pensamiento nuevo tiene, en los ambientes científicos, partidarios y detractores, animados los unos y los otros por el espíritu de partido hasta niveles deplorables. No en vano, en esos ambientes hay tendencias y camarillas bastante asentadas.

En el arte y la literatura, el fenómeno es aún más visible. El cubismo y el surrealismo han sido una especie de partidos. Se era «gideano» como se era «maurrasiano». Para hacerse un nombre, es útil rodearse de una banda de admiradores animados por el espíritu de partido.

Del mismo modo, no había mucha diferencia entre la adhesión a un partido y el apego a una Iglesia o a una actitud antirreligiosa. Se estaba a favor o en contra de la fe en Dios, a favor o en contra del cristianismo, y así sucesivamente. Se llegó incluso a hablar de militantes en materia de religión.

Incluso en las escuelas ya no se sabe estimular de otra manera el pensamiento de los niños si no es invitándolos a tomar partido a favor o en contra de algo. Se cita la frase de un gran autor y se les dice: «¿Están de acuerdo o no? Desarrollen sus argumentos». Los desgraciados, en el examen, deben terminar su exposición al cabo de tres horas, pero no pueden dedicar más de cinco minutos a preguntarse si están de acuerdo. Con lo fácil que sería decirles: «Mediten sobre este texto y expresen las reflexiones que les lleguen al espíritu».

Casi por todas partes, e incluso a veces por problemas puramente técnicos, la operación de tomar partido, de tomar posición a favor o en contra de algo, ha sustituido a la obligación de pensar. Es una lepra que ha tenido origen en los ambientes políticos y se ha extendido, a través de todo el país, hasta fagocitar casi la totalidad del pensamiento.

Es dudoso que se pueda remediar esta lepra que nos mata si no se comienza por suprimir los partidos políticos.

Reflexiones sobre la revuelta

Lo que aplasta a Francia moralmente es que salió de la guerra antes de haber entrado en ella. La masa del pueblo francés todavía no había asumido la actitud espiritual del combatiente en mayo de 1940. Un mes más tarde, Francia estaba fuera de la guerra. Era como una persona dormida, con dolor de cabeza, que se debate largo tiempo contra una horrorosa pesadilla antes de despertar.

Si se tienen en cuenta todos los factores, Francia ha sufrido las consecuencias de la guerra quizá más que ningún otro país. Pero no posee el espíritu del combatiente, que reconforta en los sufrimientos de la guerra. Un francés que tiene frío y hambre no

1 Es decisivo traducir *révolte* por «revuelta», pues cuando Weil quiere hablar de «revolución» utiliza la voz *révolution* (véase p. 46: «… el ejército francés, transformado por la Revolución en ejército nacional…»). *(N. del T.)*

puede decirse: «¡Estamos en guerra!», porque no es su guerra. Cuando Francia estaba en la guerra de hecho, no lo estaba en espíritu. Ahora que está en guerra en espíritu, ya no lo está en los hechos. Esta distancia entre lo que se piensa y la realidad fue —y todavía es— gravemente mortal para Francia. Por eso, la prueba actual, aunque mucho más dolorosa, es algo irreal, es una pesadilla, como la *drôle de guerre*.[2]

Si la llamada «Revolución Nacional» quedó en la nada, no fue solo a causa de la corrupción de los jefes y la situación de traición en la que se encontraba el Gobierno. Al principio se sumó a la empresa (y sobre todo a los movimientos de juventud) gente honesta, valiente, joven, con la idea de reconstruir Francia. Si el país hubiese tenido otra disposición, el movimiento habría cuajado realmente sacudiendo a las masas, barriendo incluso al Gobierno que lo había originado y orientando a la nación en dirección al interés verdadero de Francia. Pero el espíritu de reforma no era compatible con ese estado de ensueño, de irrealidad, de espera pasiva en el que se encontraba el conjunto del país.

---

2 *Drôle de guerre* («guerra ilusoria») se llamó al periodo de la Segunda Guerra Mundial comprendido entre septiembre de 1939 y mayo de 1940, debido a la falta de reacción de los aliados frente a la invasión de Polonia por parte de los alemanes. *(N. del T.)*

Si el país se encontrara aún en ese estado en el momento de la victoria, y recibiera la liberación desde fuera, los planes de reforma más prácticos correrían peligro de quedarse en letra muerta, faltos del espíritu que los vivificara. Porque la vida solo puede provenir del pueblo francés.

Un plan nunca es factible o irrealizable solo por sí mismo. Un mismo diseño arquitectónico puede ser excelente con cemento armado o absurdo si se construye con madera. Un plan es practicable si responde a algo que está latente en un pueblo y si contiene, antes que nada, los procesos adecuados para suscitar ese algo.

Antes de junio de 1940, los franceses carecían de un pensamiento determinado. Ahora, lo que les falta, sobre todo, son los medios materiales. Ahora Francia está muy cerca del espíritu de guerra, pero el enemigo la ha desarmado.

De hecho, en Francia y, en general, en los países ocupados, se encuentra una energía que, de explotarse militarmente a gran escala, quizá tendría —desde el punto de vista militar— más relevancia que el petróleo. Esta fuente de energía no es otra que el horror de los hombres por la opresión.

Este fue el factor decisivo en el momento supremo del verano de 1940, cuando Inglaterra se encontró sola frente a una Alemania victoriosa. Pero tanto en el periodo anterior como en el que siguió, la guerra se libró con métodos exclusivamente militares, en el sentido clásico de la palabra.

Sin embargo, Clausewitz había previsto una forma de guerra que era casi inseparable de la revuelta. Pensaba que, así como los ejércitos profesionales del siglo XVIII se habían visto impotentes ante el ejército francés, transformado por la Revolución en ejército nacional, también algún día un ejército se encontraría impotente ante un enemigo que añadiera el levantamiento masivo de la población a la acción estrictamente militar.

Este fenómeno se ha producido ya a pequeña escala en la otra guerra, cuando T. E. Lawrence, que había ideado una estrategia que combinaba la revuelta con la guerra, sublevó Arabia contra un ejército turco adiestrado y, en parte, comandado por los alemanes.

Esta circunstancia le fue favorable porque los alemanes son lentos para reaccionar ante lo imprevisto y se quedaron desarmados por la sorpresa.

Su objetivo definido era que el invasor se quedara únicamente con los pocos centímetros cuadrados de tierra donde pisaban las botas de los soldados y, así, volver inútil la ocupación. Esto se conseguiría combinando la propaganda con una serie de acciones de guerrilla relámpago, secretas, contra las comunicaciones enemigas, que tendrían éxito gracias al factor sorpresa.

En esta guerra de extensión mundial, cada vez está más claro que el punto decisivo no es la batalla, ni siquiera la producción, sino las comunicaciones. Vencerá el bando que conserve sus comunicaciones e impida las del enemigo, aunque sufra temporalmente graves derrotas militares.

Los nuestros están expuestos a los peligros del mar. Las comunicaciones del enemigo se desarrollan en gran medida en territorios con poblaciones sometidas y serviles. Así ocurre incluso en naciones que se dicen amigas o aliadas de Alemania. El mismo territorio de Alemania está lleno de esclavos traídos de los países conquistados, que guardan odio en su corazón.

Además de las comunicaciones, la producción de Alemania se efectúa en las mismas condiciones.

Por último, nosotros tenemos ahora, gracias al exceso de sufrimiento, algo que al principio solo tenía el enemigo: una cantidad nada despreciable de seres humanos dispuestos a correr el riesgo de llegar a las puertas de la muerte segura. Puede que esta vez seamos nosotros casi los únicos que tenemos eso. Quienes tenían esa disposición de espíritu en el bando enemigo en su mayoría ya han caído, y es dudoso que puedan reemplazarse manteniendo la misma proporción. Este factor es de una importancia inestimable por la repercusión moral que tiene en ambos bandos.

Hace poco, el general Smuts mandó constituir el consejo supremo de la lucha contra los submarinos para proteger las comunicaciones aliadas.

¿La Francia Combatiente no podría adoptar una iniciativa similar y proponer al Gobierno inglés constituir un consejo supremo de la revuelta, en el que tendrían asiento, bajo la presidencia de Inglaterra, representantes de todos los territorios ocupados por Alemania?

Las acciones de sabotaje y desorganización, sobre todo en el continente europeo —incluido el territorio alemán—, tendrían así, dentro de la estrategia general de la guerra, el lugar destacado que les corresponde.

Estas acciones pueden tomar infinita variedad de formas, algunas de las cuales podrán ser nuevas e inventadas en el curso de la lucha. Por ejemplo, si se conoce a los hombres que resultan imprescindibles para el funcionamiento de una fábrica, se puede intentar acercarse a ellos, uno por uno, para tratar de persuadirlos de que huyan, o se escondan en algún lugar del campo, o simulen una enfermedad. Y lo mismo con la red ferroviaria. Sobre todo, hay que inventar métodos que permitan usar los recursos de la técnica moderna en pos de la revuelta en el mismo grado en que han sido utilizados hasta ahora por la opresión.

Mediante distintos procedimientos, la desorganización debería propagarse paulatinamente por todo el territorio ocupado por el enemigo, como si fuera lepra, como una peste, como una enfermedad mortal y sin remedio, de manera que la situación de Alemania sea mucho peor que si estuviera encerrada dentro de sus fronteras.

Pero la primera condición es que dicha acción esté perfectamente coordinada y ocupe un lugar prominente en la estrategia general.

Así, utilizada plenamente, la energía que encierra el espíritu de revuelta se acrecentaría de un modo increíble. La propaganda a través de la palabra impresa, difundida por radio o transmitida de boca en boca es esencial, pero solo alcanza su completa eficacia si se combina con la acción propagandística. La palabra y la acción, combinadas, multiplican su eficacia de forma recíproca.

Una acción de este tipo costaría muchas vidas infinitamente preciosas, pero tendría tal repercusión que haría surgir muchos más héroes que los que haría caer. Tendría tal influencia educativa en el país que, tanto en la guerra como en la posguerra, compensaría ampliamente las pérdidas.

La acción clandestina que se lleva adelante en estos días va, en efecto, en este sentido, pero aún es insignificante. La acción de sabotaje no ha alcanzado la intensidad ni la importancia suficientes para repercutir en la sensibilidad pública. Por otra parte, la muerte de soldados alemanes, menos habitual en Francia que en otros lugares, comporta terribles peligros de orden moral y se considera más un ciego estallido de odio que una acción de guerra.

La prensa ilegal merece gran admiración. Claro que es bello y necesario que algunos hombres arriesguen su vida, a la vista del enemigo, para decir no a la opresión. Pero cabe preguntarse si no se trata de una senda que comporta un excesivo gasto de energía y coraje. En cuanto a la influencia sobre la opinión pública, la radio de Londres fue infinitamente más influyente y tuvo muchos menos gastos. El espíritu de resistencia se alimentó exclusivamente por radio en muchos ambientes a los que no llegaban los diarios clandestinos. Además, los que trabajan en la prensa clandestina están expuestos a todos los peligros. La prensa clandestina, a fin de cuentas, consiste en palabras, en llamadas a la acción que, si bien son indispensables, solo alcanzan su máximo poder de persuasión cuando están acompañados de una acción para infligir un daño concreto, material, al enemigo. La acción misma constituye la llamada más poderosa y el estímulo más irresistible para la acción.

Hay gente dispuesta desde ya a arriesgarse, incluso a sacrificarse, pero se reserva para algo más concreto que la propaganda. Ellos participarían del movimiento si este se volcara por completo a tratar de hacer el mayor daño posible al enemigo. Esas personas, de temperamento más moderado y más prudentes que quienes se lanzaron de inmediato a la acción clandestina, serían de una utilidad particularmente valiosa en la organización del país después de la victoria si previamente se las hiciera subir. Hay muchas otras que no se han conmovido en el fondo de su alma por la desgracia del país ni les ha afectado la propaganda, pero que se encenderían si se desplegara una acción eficaz de gran envergadura. Una acción de este tipo dispondría muy rápido de fuerzas muy superiores a las que posee el movimiento clandestino actual.

Al cabo de poco tiempo, la población en masa podría quebrarse y, paralelamente, se vendría abajo la moral de las tropas de ocupación. Esta previsión se puede aplicar, por supuesto, a todos los territorios ocupados. Se contagiarían Italia, España y Europa central.

Las victorias actuales crean una tendencia natural a contar con el paso del tiempo, a dejar que la tensión moral se relaje un poco. En cambio, es el momento de extender al máximo todas las energías, todos los recursos de la inventiva, para atacar al enemigo golpe tras golpe, aturdirlo, afligirlo. En los territorios ocupados, la intensidad y la creciente duración del sufrimiento, unidas a una esperanza que, por fin, confirman los hechos, producen precisamente ahora el ambiente moral más favorable para que surjan energías y se contagie el heroísmo.

Si se aprovecha el momento, la situación de la primavera de 1940 podría repetirse al revés muy pronto.

Se puede imaginar, por ejemplo, que luego de cierto periodo de acción sorda, generalizada, intensa y metódica de sabotaje del enemigo en los territorios ocupados y en la misma Alemania, un día se produzca el desembarco de los aliados en territorio alemán. Al mismo tiempo, muy probablemente, todas las poblaciones no alemanas de Europa, como si les lloviera armamento del cielo o incluso sin armas de ningún tipo, aniquilarían irresistiblemente a las tropas alemanas diseminadas entre ellas y paralizadas por la sorpresa. El pánico y la traición, la guerra civil encubierta o incluso descarada, en resumen, todos los fenómenos que abrieron Europa al ejército alemán se desplegarían en territorio germano, donde los extranjeros, solivianiados por la esperanza, propagarían el desorden por doquier.

Todo eso parece, al menos, muy probable. La acción eficaz y metódica del espíritu de revuelta, que lleva a las poblaciones sometidas a ocupar el primer plano en el desarrollo general de la guerra, elevaría tanto la moral de las naciones conquistadas y disminuiría tanto la moral de la nación conquistadora que un solo acontecimiento espectacular, como la presencia de los ejércitos aliados en Alemania coronando una serie de sucesos, bastaría para provocar el hundimiento del enemigo.

Hay dos verdades que siempre deben considerarse juntas. La primera, que la moral es la que decide principalmente la suerte de la guerra. Y en una guerra como esta, más que en ninguna otra. La segunda, que no son las palabras sino cierto tipo de hechos, combinados con las palabras, los que levantan o bajan la moral.

Pero la utilización estratégica del potencial de revuelta en Europa, y de modo particular en Francia, es aún más importante para la posguerra que para la victoria. La victoria se podría obtener sin utilizarlo, aunque esto no es seguro. Pero para la posguerra es un factor vital, decisivo.

La liberación del territorio francés es esencial, pero no resuelve ningún problema. Es esencial para que se planteen los problemas. Si Alemania consiguiera la victoria total, definitiva, ya no se plantearía ningún problema: los esclavos no tienen problemas. Una vez que los alemanes se vayan es cuando aparecerán los problemas más trágicos. Francia se encuentra como un enfermo al que un bandido ha sorprendido en plena crisis y lo ha maniatado. Una vez cortadas las bridas, hay que ocuparse de la enfermedad. Pero la comparación es falible, porque aquí hay que empezar con el tratamiento incluso antes de la liberación, y la manera en que se obre la liberación determinará, por sí sola, si hay un agravamiento del mal o un principio de curación.

Si Francia, actualmente subyugada por el ejército alemán, se libera, ya sea mediante el dinero estadounidense, ya sea gracias a los soldados rusos, es de temer que permanezca en una servidumbre menos visible, pero casi igual de degradante, bajo una forma de semivasallaje económico respecto de Estados Unidos o del comunismo. Por otra parte, si la suma de amargura, odio y revuelta acumulada no se gasta en acciones bélicas, son casi inevitables las guerras civiles atroces e inútiles.

Por lo tanto, sería deseable que las traiciones llamativas reciban un castigo ejemplar y se olviden las deficiencias de los hombres de segunda fila para abajo, ocurridas después de la derrota. En caso contrario, Francia vivirá durante años en una atmósfera atroz y degradante de odio y de miedo. La única manera de evitarlo es con una vasta acción que, ya antes de la liberación, impulse al país y permita que quienes no estuvieron comprometidos irremediablemente se reconcilien con aquel y consigo mismos, y borren la cobardía pasada con valentía renovada y con la fraternidad de las armas.

Ante el doble y terrible peligro de sometimiento semicolonial y de guerra civil, Francia tendrá una necesidad urgente de jefes, desde el instante mismo en que el territorio se libere. No obstante, no hay jefes. Todos los que desempeñaron algún papel de importancia, los que se hicieron un nombre antes de la guerra, durante la guerra o después de la derrota, quedan, por esto mismo, eliminados. Francia experimenta la misma repulsión por su pasado reciente que un enfermo por sus propios vómitos.

El general De Gaulle, más que un jefe, es un símbolo para la masa de los franceses. Son dos cosas muy distintas, aunque las palabras no expresen bien la distinción. En cierto sentido, es mucho más bonito ser un símbolo. Eso es lo que Francia más ha necesitado hasta ahora. Pero, una vez que el territorio esté liberado, será indispensable una autoridad para enfrentar los peligros más acuciantes.

Los vínculos entre el general De Gaulle y el movimiento clandestino, por una parte, y entre este movimiento y el pueblo francés por otra, están muy lejos de tener una firmeza acorde con la tensión extrema que tendrán que soportar en el curso de las terribles pruebas futuras. Estos vínculos se harían más sólidos que el acero mediante una lucha común, que sería realmente una de las partes esenciales de la guerra. Al mismo tiempo se forjaría un marco, una única red de jefes franceses, extendida a través de Francia, Inglaterra, el norte de África, cuyos miembros, por su propia actuación, serían reconocidos por el pueblo francés y por el extranjero, y estarían sólidamente afirmados por la victoria.

Dado que las comunicaciones están en manos de los británicos, quienes con toda legitimidad piensan, antes que nada, casi exclusivamente en la guerra, la dificultad de los contactos entre Francia y el Comité Nacional Francés —dificultad que constituye un peligro moral casi mortal para unos y otros— no puede remediarse si no es con una modificación de la estrategia que cuente con la revuelta en Francia como parte esencial de la guerra.

En ese caso, se asignaría la cantidad necesaria de barcos y aviones, se establecería un ida y vuelta entre Francia y los franceses en Inglaterra, y habría ósmosis entre ellos. Se produciría un efecto de ventilación en ambas partes que, literalmente, les insuflaría vida.

Aprovechando la ocasión, se podría establecer un sistema de protección en favor de aquellos de los nuestros que están en situación demasiado comprometida en Francia. La huida se podría organizar seriamente, permitiendo que aquellos que ya no pueden ser útiles contra la Gestapo salgan de Francia para hacerse soldados. Organizada de esta forma, la revuelta aquí esbozada puede que no cueste más vidas francesas que el estado actual de cosas. Tal vez los franceses no caerían en gran número y los que cayeran prepararían con su muerte la liberación del país, no solo en el aspecto moral, sino también en el material. Por lo que respecta a los aliados, nuestros sacrificios conseguirían una economía de vidas humanas, de material y de tiempo, y así les harían contraer una deuda incontestable con nosotros.

Por otra parte, se volvería imposible cualquier operación análoga al *affaire* Darlan. Porque mientras el enemigo está aquí, la revuelta francesa está automáticamente en manos de los más valientes y entusiastas, ya sea en Francia o en Londres, y si se convierte en un engranaje esencial de la estrategia, se hace militarmente imposible que los aliados traten con la parte corrompida, o corrompida a medias, del país. La imposibilidad militar es un obstáculo mucho más seguro que la imposibilidad moral. No hay medio más seguro para que finalmente triunfen el honor y la virtud que convertirlos en factores estratégicos.

Esta imposibilidad se prolongaría incluso después de la victoria porque, en la acción común, Francia habría empezado al menos a reencontrar una vida, un alma, una unidad. Un retorno de la salud moral eliminaría el veneno de las divisiones, que es lo único que queda de la vida política pasada —ya que incluso los odios de 1934 y 1936 subsisten todavía en gran medida—, y ya no habría más terreno propicio para los manejos políticos.

Hay allí, por otra parte, un problema cuyo alcance supera con mucho el destino de Francia. En Rusia, el totalitarismo alemán ha chocado con otro totalitarismo que no solo se le parece mucho, sino que le ha servido de modelo efectivo. Por el lado de Estados Unidos, Alemania choca con el poder del dinero. La población estadounidense pone sus esperanzas en ese poder, como muchos franceses cuando las paredes aparecían pintadas con la consigna: «VENCEREMOS PORQUE SOMOS MÁS PODEROSOS», donde «poderosos» quería decir «ricos».

La resistencia inglesa fue de otra índole. Pero el heroísmo inglés durante el verano de 1940 fue negativo: no consistió en obtener victorias, sino en no ceder, y no fue espectacular; por eso, ahora, su recuerdo casi se ha borrado de la sensibilidad de los pueblos.

En la aventura de los últimos años, Europa ha perdido no solo la libertad, sino también el honor y la fe. ¿Podrá recuperarlos si a las armas de la tiranía las domina exclusivamente la coalición del poder del dinero con una segunda tiranía? En ese caso, Francia y Europa podrán ser liberadas, pero permanecerán postradas. Los únicos en desear tal porvenir son los especuladores y los comunistas más cínicos. Los verdaderos conservadores y los verdaderos reformistas también tienen interés en que las cosas sean de otra manera. Porque en un cadáver no hay nada para conservar ni materia para reformar.

En resumen, se trata de saber si, en esta guerra, los únicos elementos movilizadores son el fanatismo y el dinero o si se sostuvieron el honor, la fe y la espiritualidad bajo cualquiera de sus formas. Es decir, si se sostuvieron militarmente, ya que se trata de una guerra. Los valores más elevados son los que con mayor urgencia hay que encarnar.

En la práctica, la gran dificultad de una estrategia de la revuelta orientada en esa dirección es la contradicción que hay entre una acción clandestina y una acción pública susceptible de arrastrar al pueblo. Pero esta contradicción, si se estudia con cuidado, sin duda tiene solución.

Por ejemplo, es posible que, por un lado, se haga público un consejo supremo de la revuelta, y por otro, el orden de magnitud de los resultados obtenidos, *a posteriori* y sin detalles. Además, la práctica de grupos pequeños (de cinco, por ejemplo) conectados solo por la cúpula —probada hace tiempo por los comunistas alemanes y el movimiento clandestino francés— permite arrastrar a la acción a una cantidad considerable de gente con el mínimo desgaste. Y como la revuelta sería parte esencial de la guerra, no habría que intentar impedir las pérdidas, sino limitarlas a una proporción considerada aceptable en una acción militar.

Cuando un movimiento clandestino se extiende, aumentan sus riesgos a causa de la cantidad de traidores, hombres dudosos o débiles que se infiltran. Pero si sigue extendiéndose aún más, el número se convierte, al contrario, en un factor de seguridad, porque la policía política enemiga tiene efectivos limitados, y la naturaleza misma del trabajo impide que esos efectivos puedan aumentarse a voluntad. Por lo tanto, a partir de cierto punto, es posible desgastar a los miembros de esa policía, sobreexigirlos, llevarlos a la desesperación, ponerlos en un estado de desmoralización y desesperanza que los neutralice. Así, la extensión del movimiento clandestino, luego de un periodo muy duro, muy cruel, podría conducir, en un plazo bastante breve, a una situación mucho mejor que la que existe en la actualidad. La esperanza es tanto más legítima cuanto parece seguro que la Gestapo, que tiene a su cargo toda Europa, está superada. Para constatarlo, basta comparar las condiciones de trabajo de las agrupaciones anti-hitlerianas en Alemania después de 1933 con los movimientos clandestinos en los territorios ocupados. Aunque el factor nacional da cuenta en gran medida de esta diferencia, también se explica, en parte, por una eficacia mucho menor en la represión policial.

Por último, la propuesta de un consejo supremo de la revuelta procedente de la Francia Combatiente, si tuviera efecto, modificaría en gran medida la posición de Francia entre los aliados. Se hace necesario recordarle al mundo que Francia existe, porque el mundo tiene tendencia a olvidarlo. Para algunos estadounidenses, Francia puede tener la misma importancia que para nosotros una isla de Oceanía. Es un caso extremo, pero es un estado de espíritu bastante extendido en distintos grados. Sería hora de que Francia emprendiera alguna iniciativa llamativa.

Por otra parte, sea cual sea el camino que tomen los acontecimientos políticos para los franceses que se encuentran fuera de Francia, una iniciativa de esta naturaleza aumentaría considerablemente el peso específico de lo que hasta aquí fue el Comité Nacional Francés de Londres.

En la actualidad, la función simbólica, después de tanto tiempo, en medio de acontecimientos que se precipitan, ya no es suficiente.

Tiene lugar en Francia un movimiento clandestino. Las batallas se libran en el norte de África. Dejando de lado toda cuestión personal, sería deseable que una función concreta y específica diera alguna existencia material al ambiente constituido por quienes, en el momento supremo, eligieron, sin dudarlo ni un momento, la causa aparentemente derrotada. Al principio y durante bastante tiempo, era suficiente con que hubiera personas que hubiesen hecho esa elección, y que invitaran con su palabra a que Francia las siguiera. La significación moral, el valor testimonial de esta actitud, era entonces decisiva. Hoy, por fortuna, hemos entrado, militarmente hablando, en un periodo de resoluciones. Es deseable que, a este testimonio, se añada una función concreta de una importancia equivalente.

La pieza esencial de esta estrategia es el vínculo entre la estrategia general de los aliados y el movimiento de revuelta en Francia. Vaciar Francia, de forma metódica, de todos los que pueden ser más útiles fuera del territorio francés. Todo esto sería una función muy deseable.

Por último, tanto como la unidad de Francia, cierta unidad europea será una necesidad urgente, vital, en un futuro muy próximo. Esta unidad no se forjará después de la victoria. El periodo que seguirá a la victoria será, como siempre, propicio para las divisiones. La unidad solo se puede forjar antes, en una lucha común. Los distintos movimientos clandestinos de los territorios ocupados no constituyen esta lucha común. Es necesario cooperar en una tarea que forme parte de la guerra si no por sus métodos, al menos por sus efectos.

Si no fuese así, habría peligro de guerra civil no solo en Francia sino también, luego de la derrota de Alemania, en el conjunto de Europa. Más concretamente, existe el peligro de que la guerra civil europea, que comenzó en España en 1936, no se termine con la derrota del ejército alemán, sino que se prolongue, quizá con una crueldad creciente.

Para tratar de evitarlo es preciso unir desde ahora, de arriba abajo, por la cooperación, a los mejores elementos de las naciones conquistadas por Alemania; y hasta sería deseable arrastrar en esta cooperación a los españoles, a los italianos e incluso a los alemanes cuya conciencia se ha visto sinceramente convulsionada por el hitlerismo. Más adelante podrán tomar parte en la gestión de la cosa pública en sus respectivos territorios, y evitar que se someta a sus pueblos a la crueldad desmedida que suele seguir a un sufrimiento excesivo. La ola de odio que atravesará Europa después de la derrota de Alemania representará un peligro moral casi tan grande como la ola de servilismo de 1940.

Si el continente europeo evita la guerra civil por el simple hecho de estar extenuado, correrá el riesgo, bajo el efecto de la misma extenuación, de perder la tradición espiritual que le es propia, cediendo a la influencia comunista o estadounidense. El único recurso contra este peligro es una sólida fraternidad de armas, establecida desde ahora entre Inglaterra y el continente. Los ingleses deben ser sensibles a esta necesidad porque los más inteligentes de entre ellos no pueden ignorar hasta qué punto Estados Unidos tiende a convertirse en el centro del mundo anglosajón. Ya ejerce una irresistible atracción sobre los *Dominions.* Si su influencia domeñase pronto también el continente europeo, estaríamos ante una especie de desaparición moral de Inglaterra.

Esta última podrá evitarlo solo si participa con el continente en una acción común de liberación, que relegue a un segundo plano la importancia militar del dólar. Una organización metódica de la revuelta en el continente, cumplida con ayuda de la flota y la Marina inglesa, tendría probablemente este efecto. Quizá podría acelerar la victoria en una medida mucho más grande de lo que osamos suponer.

La necesidad es vital tanto para Inglaterra como para Francia. Sean cuales sean las diferencias de temperamento, las rivalidades, las mutuas incomprensiones que separan a los dos países, ambos sacan su savia, su vida moral, de la misma fuente milenaria, de la civilización única que se extendía por toda la cristiandad en la Edad Media. Por eso, en el periodo actual de conflictos —en su mayoría espirituales—, los intereses esenciales de Inglaterra y Francia son idénticos. Y el interés esencial de Europa es encontrarse unida bajo la égida de estas dos naciones. Pero esta dirección debe establecerse ahora, antes de la victoria, o no se establecerá nunca.

Por eso, si es posible una vasta utilización estratégica de la revuelta, es fundamental que Francia tome la iniciativa. Por parte del Comité Nacional Francés sería un acto de un alcance inconmensurable.

Índice

Contra los partidos políticos

«E il naufragar m'è dolce in questo mare»